W0100257

ENE MENE MU, MEIN FREUND BIST DU!

Erzählt und illustriert von Dagmar Geisler

Ravensburger Buchverlag

INHALTSVERZEICHNIS

DAS LEUCHT-JOJO

Ungeduldig wartet Kalle an der Wohnungstür, dass Mama endlich fertig wird. Er kann es gar nicht erwarten in den Kindergarten zu kommen.

„Mama, wo bleibst du denn?", ruft er.

„Ich komm ja schon, du kleiner Quälgeist. Der Kindergarten macht doch in zehn Minuten überhaupt erst auf. Warum hast du es denn so eilig?", lacht Mama und zieht ihren Mantel an.

„So halt!", sagt Kalle.

Seit ein paar Tagen ist Tom Kalles bester Freund. Tom hat den ganzen Kopf voller Locken, die lustigsten Sommersprossen der Welt und immer jede Menge witziger Einfälle. Wer ist auf die Idee gekommen, aus der Sandkiste ein Piratenschiff zu machen? Tom! Wer hat gesagt, die Wiese um die Sandkiste herum sei das raue Meer voller Haifische und jeder, der auf die Wiese tritt, würde sofort gefressen? Tom! Und wer hat die ulkigsten Ideen gehabt, wie man in die Sandkiste kommt, ohne die Wiese berühren zu müssen? Wieder Tom!

Alle Kinder in der Bärengruppe des Kindergartens wollen gern mit ihm befreundet sein. Kalle ist glücklich,

dass ausgerechnet er Toms bester Freund sein darf.

Im Kindergarten ist er einer der Ersten. Nur Lisa und Marie, die beiden Freundinnen, spielen schon bei den Puppen, und Birgit, die Erzieherin, gießt die Blumen am Fenster. Kalle setzt sich in die Bauecke und konstruiert ein Doppeldecker-Flugzeug aus Legosteinen.

Nach und nach kommen die anderen Kinder der Bärengruppe. Und endlich kommt auch Tom.

Kalle springt auf und läuft strahlend auf den Freund zu, der schon von einer Gruppe Kinder umringt ist.

„Hey, Tom, guck mal, was ich dir mitgebracht habe!" Er greift in die Vordertasche seiner Latzhose und holt eine dicke Glasmurmel heraus. Es ist eine besonders schöne Murmel. Sie schillert bläulich grün und in der Mitte glitzern goldene Sternchen.

„Für dich!", sagt Kalle und freut sich über die leuchtenden Augen seines Freundes.

„Die ist aber schön!", freut sich Tom.

„Wollen wir heute eine echte Raumstation aus Lego bauen? Mit einer Raketenabflugrampe und einer Weltraum-Skateboardbahn, damit die Astronauten nach Feierabend ein bisschen Spaß haben und so?"

„Ja, klar", sagt Kalle, „und mit einem Weltraum-Swimmingpool mit echtem Sternenwasser und einem Aquarium mit Mondfischen."

„Genau", kichert Tom, „und mit einem echten Weltraum-Hühnerstall, wo alle Hühner einen Astronautenhelm aufhaben und echte Weltraum-Eier legen, damit die Astronauten was zum Frühstück haben."

„Na, ihr beiden Komiker, das könnt ihr ja später machen", sagt Birgit lachend. „Jetzt wollen wir erst mal zusammen singen."

Am nächsten Morgen nimmt Kalle drei Weltraum-Sammelkarten für Tom mit in den Kindergarten. Gestern hat Tom die

schöne Murmel bekommen, vorgestern einen dicken Vierfarben-Buntstift und die Tage davor ein kleines Feuerwehrauto, den ganz seltenen Zwerg aus dem Überraschungsei und ein Päckchen Zauberknete.

Tom freut sich über die Sammelkarten und dann bauen die beiden weiter an ihrer Raumstation. Das macht ganz schön viel Arbeit und eine ganze Menge Legosteine brauchen sie auch dafür.

„Hoffentlich reichen die Steine für alles, was wir noch vorhaben", meint Kalle.

„Schauen wir mal", antwortet Tom. „Wenn nicht, müssen wir uns eben irgendwas einfallen lassen."

So vertieft sind die beiden, dass sie gar nicht merken, wie die Zeit vergeht. Im Nu ist es Mittag.

„Morgen machen wir weiter", sagt Tom, „da fangen wir mit dem Hühnerstall an."

Am nächsten Tag macht die Bärengruppe

5

erst mal einen Ausflug in den Zoo. Sie fährt mit dem Bus dorthin. Kalle und Tom sitzen nebeneinander, direkt hinter dem Busfahrer.

Weil Kalle zu Hause nichts anderes mehr gefunden hat, hat er für Tom sein heiß geliebtes Leucht-Jojo mitgebracht. Das ist ein großes Opfer, aber Tom soll ja für immer sein bester Freund bleiben, denkt sich Kalle.

Der Ausflug in den Zoo macht den Kindern riesigen Spaß. Als sie zu den Löwen kommen, beschließen Kalle und Tom, dass ihre Raumstation auch noch ein Großwildgehege braucht. Ganz erschöpft kommen sie mittags am Kindergarten an.

„Bis morgen, Kalle!", ruft Tom, bevor er zu seiner Mutter ins Auto steigt.

Tags darauf wacht Kalle mit Bauchweh auf. Mama macht ihm einen Kamillentee und ruft im Kindergarten an.

„Heute hätte ich eh nicht gewusst, was ich für Tom mitnehmen könnte", denkt sich Kalle. „Seit Tom mein bester Freund ist, habe ich ihm jeden Tag was mitgebracht. Wenn ich jetzt auf einmal nichts mehr mitbringe, ist Tom vielleicht nicht mehr mein bester Freund. Vielleicht spielt er dann lieber mit Patrick oder Valentin."

Den ganzen Tag ist Kalle schlechter Laune und am nächsten Morgen sind die Bauchschmerzen immer noch nicht weg.

Dann kommt das Wochenende und da hat der Kindergarten ja sowieso zu.

Am Montag ist Kalle noch etwas blass um die Nase, aber das Bauchweh ist schon längst weg. Er macht sich mit Mama auf den Weg. Langsam trottet er hinter ihr her. An jeder Ecke muss sie auf ihn warten. Merkwürdig, sonst kann Kalle es doch kaum erwarten, in seinen Kinderarten zu kommen! Mama wundert sich.

Mit gesenktem Kopf trödelt Kalle weiter. Er denkt an Tom. Etwas zum Mitbringen hat er immer noch nicht gefunden und jetzt war er auch schon so lange nicht mehr in der Bärengruppe. Vielleicht hat Tom längst einen anderen Freund gefunden.

Als sie am Kindergarten ankommen, sind schon fast alle Kinder da. Mama gibt Kalle einen Kuss.

„Na, mein Sohn, jetzt mach dir mal einen schönen Tag!", sagt sie und lächelt ihn aufmunternd an.

„Hmpf!", macht Kalle. Ganz langsam zieht er sich die Hausschuhe an. Im Schneckentempo hängt er seine Jacke an den Haken und den Rucksack daneben. Schüchtern nähert er sich der Tür zum Gruppenraum.

Da hinten in der Ecke steht Tom mit einigen anderen Kindern. Die scheinen es sehr lustig zu haben, so wie die lachen.

„Pfff!", macht Kalle. Am liebsten würde er wieder gehen.

Da dreht Tom sich um und entdeckt Kalle. Freudestrahlend kommt er auf ihn zu.

„Kalle, da bist du ja wieder! Ich dachte schon, ich muss unsere Raumstation ohne

dich fertig bauen. Bis jetzt habe ich nicht weitergemacht. Was meinst du, können wir das Großwildgehege auch aus Duplo-Steinen machen?"

„Na klar doch!", lacht Kalle.

„Ach, und noch was", sagt Tom verlegen und drückt Kalle das Leucht-Jojo in die Hand. „Das kannste wiederhaben. Ich hab doch schon eins. Ich dachte zuerst, wenn ich es nicht annehme, bist du vielleicht nicht mehr mein bester Freund. Aber das ist doch Quatsch, oder?"

„Aber echt!", sagt Kalle.

KUNO UND SYLVESTER

In der Nacht ist auf Schloss Knisterstein immer einiges los. Die ganze Gespensterfamilie ist damit beschäftigt, in den Räumen und Gemächern des alten Gemäuers herumzuspuken.

Großvater Kalli-Leo steht meistens auf seiner Turmspitze und guckt in die Sterne. Großtante Anastasia sitzt im roten Salon auf einem alten Sofa und denkt an den schönen Ritter Sigismund, den sie damals, vor fast vierhundert Jahren, beinahe geheiratet hätte. In der Schlossküche klappert derweil Alfred der Tattrige mit seinen Topfdeckeln. Die Burgfräulein Mizzi und Lizzi spielen Geisterschach in der Bibliothek, während der romantische Leopold, vor dem Fenster schwebend, schaurig schöne Liebeslieder zur Laute singt. Und durch die Gänge des Schlosses schlurft Wenzeslaus der Schreckliche, zieht seine Eisenkugel scheppernd hinter sich her und singt: „Jetzt kommen die lustigen Tage …!"

Alle haben sie zu tun, nur Kuno langweilt sich. Es ist einfach blöd, das einzige Kind unter lauter Erwachsenen zu sein. Klar, manchmal spielt er mit Großtante Anastasia „Geist ärgere dich nicht". Manchmal lässt er sich von Großvater Kalli-Leo erklären, wie der Mond sich um die Erde dreht oder er hilft dem tattrigen Alfred, in der Schlossküche ordentlich herumzulärmen. Aber oft heißt es: „Jetzt nicht, Kuno!" Und das Wendeltreppengeländer rutscht auch keiner mit ihm herunter. Alleine macht das wirklich nur den halben Spaß.

„Ich wünschte, ich hätte einen Freund", seufzt Kuno.

Aber kleine Gespenster wachsen nicht auf Bäumen und Schloss Knisterstein steht schon seit hunderten von Jahren auf seinem Felsen, ohne dass jemals irgendein Kind vorbeigekommen wäre. Schon gar nicht in der Nacht, wenn die Gespenster wach sind. „Was ist bloß mit Kuno los?", fragt Groß-

tante Anastasia eines Abends. „In letzter Zeit hat er immer schlechte Laune. Auch das ‚Geist-ärgere-dich-nicht'-Spielen macht keinen Spaß mehr, weil Kuno sich ja schon vorher ärgert."

„Stimmt! In meiner Küche ist er auch schon lange nicht mehr gewesen", klagt der tattrige Alfred.

Nur der romantische Leopold ist mit Kunos Verhalten außerordentlich zufrieden, weil jetzt endlich keiner mehr über seine wunderbar romantischen Liebeslieder lacht.

Währenddessen sitzt der schlecht gelaunte Kuno auf der Zinne, spuckt ein paarmal trübsinnig in den Schlossgraben und guckt ein paar Fledermäusen zu, die vor der silbernen Scheibe des Mondes herumflattern.

„Komisch", denkt er, „Fledermäuse habe ich hier eigentlich noch nie gesehen."

Kaum hat er das gedacht, da fliegt plötzlich eine der Fledermäuse direkt auf ihn zu. Ziemlich groß scheint die zu sein. Kuno

geht in Deckung. Immer näher kommt die Fledermaus und landet schließlich auf der Burgmauer.

„Ich hab's echt satt!", grummelt sie.

Nanu, eine Fledermaus, die sprechen kann? Vorsichtig linst Kuno aus seinem Versteck. Da sitzt auf der Burgmauer ein ziemlich mies gelaunter kleiner Vampir mit struppigem schwarzem Haar. Neugierig geht Kuno näher heran.

„Na, du Bettlaken", mault der Vampir. „Wo kommst du denn her?"

„Das müsste eigentlich ich dich fragen!", antwortet Kuno beleidigt. „Lass deine schlechte Laune nicht an mir aus."

„Hast ja Recht", seufzt der Vampir. „Aber sei du mal das einzige Kind bei einer Horde Erwachsener. Früher hat wenigstens meine Schwester ab und zu mit mir gespielt, aber seit sie sich in den spitznasigen Roman verknallt hat, ist alles noch schlimmer geworden. Ich heiße übrigens Sylvester."

„Kuno!", sagt Kuno.

„Heute Abend war es besonders arg. Ich war gerade dabei, mir eine Sarg-Seifenkiste zu bauen, da musste ich unbedingt mit spazieren fliegen." Sylvester schnaubt. ‚Bei dem schönen Wetter fliegt ein anständiger Vampir aus!', äfft er seine große Schwester nach. „Als wir dann unterwegs waren, haben sie sich wieder nur über langweiligen Erwachsenenkram unterhalten. – Ich bin mal gespannt, ob die überhaupt merken, dass ich weg bin."

„Du bist einfach abgehauen?", staunt Kuno. „Cool!"

„Na, ja", flüstert Sylvester unsicher, „ich hoffe, meine Leute kommen auf dem Rückweg wieder hier vorbei. Den Weg nach Hause finde ich alleine bestimmt nicht."

„Bis dahin könnten wir doch was spielen?", fragt Kuno schüchtern. „Ich bin nämlich auch das einzige Kind hier, musst du wissen."

„Gute Idee!", strahlt Sylvester. „Aber vielleicht kannst du mir erst mal das Schloss zeigen?"

Sylvester findet alles spannend, was für Kuno längst langweilig geworden ist. Er schaukelt am Kronleuchter, er rutscht mit Kuno das Wendeltreppengeländer herunter, und zwar mit Karacho. Er lacht sich kaputt, als er Leopolds „romantisches" Lied hört:

Ach, du meine Rose,
mein Herz rutscht in die Hose,
wenn du mich nicht liebst.

Ich knacke Haselnüsse
und warte auf die Küsse,
die du mir nicht gibst …

Mit Sylvester zusammen macht auch Kuno das alles wieder riesigen Spaß.
Sie lärmen in der Küche mit den Töpfen. Sylvester quietscht vor Vergnügen. Da, wo er herkommt, darf man nämlich überhaupt keinen Krach machen.

Sylvester schleicht sich von hinten an Groß-tante Anastasia an und gibt ihr einen feuch-ten Kuss auf die Gespensterbacke.

„Sigismund!", haucht sie.

Kichernd flitzen die beiden um die Ecke. Sie wollen Großvater Kalli-Leo auf seiner Turm-spitze besuchen. Unterwegs treffen sie noch Wenzeslaus den Schrecklichen mit seiner Eisenkugel.

„Jetzt kommen die lustigen Tage!", schreit Kuno ihm fröhlich entgegen.

„Meine Rede, meine Rede", grummelt Wen-zeslaus.

Als sie die Turmtreppe hinaufschweben, hören sie auf einmal Stimmen. Führt Groß-vater Kalli-Leo mal wieder Selbstgespräche? Kuno steckt als Erster seinen Kopf durch die Luke im Dach.

„Da sitzt ein alter Mann mit schwarzem Zylinder neben meinem Opa", flüstert er.

„Hat er einen lila Umhang um?", fragt Sylvester.

„Ja, woher weißt du das?"

„Dann ist es mein Opa!", seufzt Sylvester und weiß nicht so recht, ob er sich darüber freuen soll oder nicht.

„Natürlich ist es nicht einfach für den Klei-nen, als einziges Kind", hören sie den alten Vampir gerade sagen.

„Unserem Kuno geht es genauso", erwidert Kalli-Leo, „er bräuchte dringend einen Freund."

„Genau!", brüllen die beiden in der Luke. „Und deshalb wollen wir auch zusammen-bleiben!"

Hand in Hand hopsen sie auf das Dach.

„Da ist ja der Ausreißer! Einen ganz schönen Schrecken hast du uns eingejagt", sagt Großvater Vampir streng. Aber dann nimmt er Sylvester glücklich in die Arme.

Zusammenbleiben können Kuno und Syl-vester natürlich nicht. Gespenster und Vam-pire haben einfach viel zu unterschiedliche Gewohnheiten. Aber wenn die Vampir-familie wieder ihren Spazierflug macht, setzen sie Sylvester oft im Schloss ab.

In solchen Nächten wird auf Knisterstein besonders fröhlich gespukt. Da wird ge-juchzt und gekichert, dass sich die Balken biegen. Der Einzige, der sich dabei nicht königlich amüsiert, ist der romantische Leopold.

Aber da kann man nichts machen.

ANNA MAL DREI

Wenn man die Sandstraße hochgeht, vorbei am Lottogeschäft und am Milchladen, kommt man zum Schluss an den Sandplatz. Hier stehen eine uralte Linde und drumherum eine ganze Reihe hübscher neuer Häuser. Jedes ist in einer anderen Farbe gestrichen und manche Leute sagen, am Sandplatz sehe es aus wie in einem Bonbonladen.

Hier wohnen die drei Annas. Im vergissmeinnichtblauen Haus wohnt Anna-Lena, im himbeereisroten wohnt Marie-Anna und im zitronendropsgelben Anna-Sophie.

„Auf dem Parkplatz steht Auto an Auto an Auto an Auto …", heißt es auf Anna-Lenas Lieblings-Kinder-CD. Und Fritz, ihr Bruder, sagt: „Aber auf dem Sandplatz wohnt Anna an Anna an Anna …!"

Die drei gehen nicht nur in dieselbe Kindergartengruppe, nämlich zu den Igeln, sie sind auch die besten Freundinnen der Welt.

„Zusammen sind wir bärenstark!", sagt Marie-Anna.

„So stark wie hundert Walfische!", sagt Anna-Lena.

„Jawoll!", sagt Anna-Sophie. Und das stimmt ja auch.

Wenn nämlich Marie-Anna allein daherkommt, kann es zum Beispiel passieren, dass ihr der große Lukas den Weg versperrt und erst Platz macht, wenn

sie ihn von ihrem Eis hat lecken lassen. Und dann ist immer gleich eine ganze Kugel weg. Mindestens!

Wenn Anna-Lena allein auf dem Gehweg sitzt und mit Straßenkreide ein wunderschönes Sonnenbild malt, kann es sein, dass Fritz nur so zum Spaß immer mit dem Fahrrad hin und her fährt, bis er das ganze Bild verwischt hat, bevor es überhaupt fertig war. Oder wenn Anna-Sophie auf dem Roller daherkommt, kläfft der Dackel Lumpi oft so laut, dass sie vor Schreck ins Tulpenbeet fährt. Sind sie aber zusammen, machen der Lukas, der Lumpi und der Fritz einen Bogen um die drei.

„Eigentlich müssten wir richtige Blutsbrüder sein", sagt Anna-Lena, als sie an einem kühlen Sommernachmittag an ihrem geheimen Treffpunkt sitzen. Der geheime Treffpunkt ist der Fahrradschuppen hinter dem zitronendropsgelben Haus. Weil Anna-Sophie keine Geschwister hat, wird der Schuppen selten benutzt.

„Brüder geht ja gar nicht. Wir sind doch Mädchen", sagt Anna-Sophie.

„Na, dann eben Blutsschwestern", meint Marie-Anna. „Aber wie geht das eigentlich?"

Anna-Lena kennt sich aus. Schließlich hat sie einen großen Bruder, der Indianerbücher liest.

„Man nimmt so'n großes Messer. Damit ritzt man sich in den Arm. Dann tut man die Stellen, wo das Blut rauskommt, so übereinander. Und dann muss man ganz feierlich sein und sagen, dass man dem andern sein Bruder ist und ihm immer helfen will auf Leben und Tod."

Anna-Sophie ist ganz blass geworden.

„Eklig!", sagt sie.

„Das tut doch weh und krank werden kann man davon bestimmt auch", sagt Marie-Anna und schüttelt sich.

„Und irgendwie geht es auch nicht richtig, wenn man zu dritt ist. In den Indianerbüchern sind es jedenfalls immer bloß zwei", überlegt Anna-Lena.

„Klar, Winnetou und Old Shatterhand!", sagt Marie-Anna. Schließlich weiß sie auch was, nicht bloß Anna-Lena.

Anna-Sophie überlegt. „Blutsbrüder ist doof, aber wir könnten doch Spuckeschwestern sein. Das ist auch ein bisschen eklig und es geht auch mit vielen."

„Aber es muss nachts sein und der Vollmond muss scheinen", sagt Anna-Lena.

„Logisch!", sagt Anna-Sophie.

Nachts darf natürlich keines der Mädchen raus.

„Am besten, wir übernachten alle zusammen. Das haben wir ja schon mal gemacht, in Anna-Sophies Zimmer auf der Luftmatratze. Das war doch ein Riesenspaß!", erinnert sich Marie-Anna.

„Jetzt müssen wir nur noch rauskriegen, wann Vollmond ist", seufzt Anna-Sophie zufrieden.

„Und unsere Mamas und Papas müssen es erlauben", sagt Marie-Anna.

„Eh klar!", sagt Anna-Lena.

Der nächste Vollmond ist schon am Samstag. An dem Tag ist Anna-Sophies Papa ausgerechnet auf einer Messe und die Mama will mit einer Freundin ins Konzert. Einen Babysitter haben sie schon bestellt.

„Aber wir wollten doch am Samstag alle ganz dringend zusammen übernachten", mault Anna-Sophie. „Vielleicht geht es ja bei Marie-Anna."

„Marie-Annas Mutter hat viel zu viel um die Ohren. Die Zwillinge kriegen Zähne und wechseln sich nachts mit Schreien ab. Außerdem habe ich den netten Florian vom Babysitterdienst bestellt. Dem kann ich doch jetzt nicht wieder absagen."

Enttäuscht macht sich Anna-Sophie auf die Suche nach ihren Freundinnen.

„Mist!", sagt Anna-Lena. „Bei uns wäre es vielleicht schon gegangen, obwohl Fritz uns natürlich die ganze Zeit ärgern würde."

„Vielleicht geht es an einem anderen Tag?", fragt Marie-Anna.

Anna-Lena schüttelt den Kopf. „Es muss ganz richtig Vollmond sein, sonst gilt ja der Schwur nicht."

In den folgenden Tagen wissen die drei nichts mit sich anzufangen und haben nur ihren Plan im Kopf.

Am Samstagnachmittag klingelt im gelben Haus das Telefon. Anna-Sophie geht an den Apparat. Es ist Florian vom Babysitterdienst. Er müsse sich vielmals entschuldigen, sagt er, er habe eine Halsentzündung mit richtig hohem Fieber und höllische Kopfschmerzen. Und es tue ihm Leid, dass

er jetzt so kurzfristig absagen müsse, aber vielleicht könne sein Freund René …

„Nee, ist schon gut!", ruft Anna-Sophie schnell. „Ich schlafe dann halt bei Anna-Lena. Gute Besserung, Florian!"

Sie reicht den Telefonhörer ihrer Mama und flitzt los, um schon mal die Zahnbürste einzupacken. Dann schnappt sie sich ihre Jacke und saust davon, um ihre Freundinnen einzuweihen.

Zum Glück haben Anna-Lenas Eltern nichts gegen den plötzlichen Überfall einzuwenden. Im Gegenteil. Der Papa holt sofort die Luftmatratzen aus dem Keller. Fritz hilft beim Aufpumpen. Er pumpt die grüne Luftmatratze auf und gibt mal wieder mächtig an. Obwohl Anna-Lena und Marie-Anna mit der rotblauen viel schneller fertig sind. Typisch!

Dann holen sie noch Anna-Lenas Matratze aus dem Hochbett, damit die drei Freundinnen alle nebeneinander auf dem Boden liegen können.

„Anna an Anna an Anna", kichert Fritz. „Und wenn ich meine Spritzpistole hole, Annanass an Annanass an Annanass."

„Wehe!", schreit Anna-Lena und schmeißt ihrem Bruder ein Kissen ins Gesicht.

„Rache!", brüllt Fritz und wirft die gelbe Kuschelente quer durchs Zimmer.

„Auf ihn mit Gebrüll!", quietschen Anna-Sophie und Marie-Anna. Und schon ist die schönste Kissenschlacht im Gang. Als sie alle kichernd und japsend auf dem Boden liegen, ruft Mama zum Abendessen. Sie hat schnell einen großen Topf Spagetti mit Tomatensoße gekocht.

„Nachher kommst du aber nicht mehr in mein Zimmer", sagt Anna-Lena zu Fritz. „Da wollen wir unsere Ruhe haben!"

„Das wollen wir doch sehen", grinst Fritz.

Es dauert lange, bis die drei Annas an diesem Abend endlich unter sich sind. Zuerst hatte Marie-Anna ihren Schlafanzug vergessen. Deshalb mussten sie noch mal schnell ins rote Haus. Dann hat Anna-Sophies Papa angerufen, um noch schnell Gute Nacht zu sagen. Dann hat Anna-Lenas Mama eine Geschichte vorgelesen, bei der auch Fritz zuhören wollte, obwohl der ja wirklich schon selber lesen kann.

Jetzt sind sie allein im Zimmer. Die Tür haben sie verbarrikadiert, damit Fritz nicht hereinplatzt und die ganze schöne Zeremonie stört. Der Vollmond scheint durchs Fenster. In der Ferne hört man einen Hund bellen. Wahrscheinlich ist es Lumpi. Ansonsten ist alles still.

Leise holt Anna-Lena das Saftglas hervor, das sie aus der Küche mitgebracht hat.

Auf einmal hören sie vor dem Fenster etwas rascheln. Und da schauen auch zwei große, finster dreinblickende Augen durch die Scheibe.

„EIN MONSTER!", schreit Anna-Sophie.

„Mit grünen Zotteln!", brüllt Marie-Anna.

„Fritz!", knurrt Anna-Lena und reißt das Fenster auf.

Draußen hängt das hässliche Tier, das Fritz mal auf dem Jahrmarkt gewonnen hat. Fritz hat es mit einer langen Schnur am Speicherfenster festgebunden. Dreimal stört Fritz die Mädchen noch, bis Mama ihm androht, dass sie die drei nächsten Samstag wieder übernachten lässt, wenn er seine Freunde zu Besuch hat. Das wirkt.

Endlich ist Ruhe. Marie-Anna nimmt das Glas, Anna-Lena schüttet ein bisschen Apfelsaft rein. Und Anna-Sophie ist die Erste, die feierlich hineinspucken darf.

Zum Schluss wird der Apfelsaft mit der Spucke von allen dreien sorgfältig verrührt.

„Immer und immer wollen wir Freundinnen sein", flüstert Anna-Lena und hebt das Glas. „Und uns helfen auf Leben und Tod. Und zusammenhalten bis ans Ende der Welt. Von jetzt bis immer … ähm …"

„Bis dass der Tod uns scheidet", haucht Anna-Sophie.

„Quatsch, das gilt doch nur beim Heiraten", raunt Marie-Anna.

„Na, jedenfalls bis immer und ewig",

sagt Anna-Lena, hält sich die Nase zu und nimmt einen kräftigen Schluck.

„Das ist so eklig, das muss helfen!", kichert Anna-Sophie.

Und als Marie-Anna an der Reihe ist, ist sie so aufgeregt, dass sie vor Lachen prusten muss, deshalb landet ein bisschen was von dem Zeug auf der Nase von ihrem Kuschelteddy.

Aber es gilt trotzdem, findet Anna-Lena. Und es macht ja nichts, wenn auch der Teddy von dem Schwur was abkriegt. Das finden die anderen auch und deshalb werden Kuschelfrosch und Kuschelente auch so ein winziges bisschen angesprüht.

„Blutsbrüder gibt es ja eine ganze Menge", sagt Anna-Lena, „Aber wir sind die einzigen Spuckeschwestern."

„Auf der ganzen Welt", gähnt Marie-Anna.

„Jawoll!", murmelt Anna-Sophie.

HAKENHAND UND FEUERNASE

Der Seeräuberkapitän Hakenhand hieß deshalb Hakenhand, weil einer seiner Vorfahren statt der rechten Hand einen eisernen Haken gehabt hatte. Der hatte sich zwar hervorragend zum Schälen von Pellkartoffeln und zum Lochen der geheimen Schatzkarten geeignet, war aber sonst sehr unpraktisch gewesen. Hakenhand selber hatte zwei gesunde Hände, die nur dadurch auffielen, dass er sich fast nie die Fingernägel schneiden ließ.

Hakenhand hatte eine treue Mannschaft aus tapferen Seeräubern. Mit ihrem Schiff „Dicke Berta" kreuzten sie in den Weltmeeren.

Die tollkühnen Piraten fürchteten nichts und niemanden: nicht die Haifische, mit denen sie Fangen spielten, nicht die Eisberge im Nordmeer und nicht die stürmische See. Im Gegenteil, wenn es stürmte und das Schiff wild durch die Wellen schaukelte, wurden Hakenhand und seine Leute erst so richtig vergnügt.

Das Einzige, was Hakenhand in Angst und Schrecken versetzen konnte, waren die blauen Segel von Käpten Feuernases Schiff „Pfeilschnelle Ida". Wenn die am Horizont auftauchten, segelte Hakenhand sofort einen großen Bogen oder versteckte sich mit seinem Schiff hinter einem Felsen. Er wurde dann immer ganz grün um die Nase, die Knie schlotterten wie Wackelpudding und seine Zähne klapperten so laut, dass sie vom

Rauschen des Meeres kaum übertönt werden konnten.

Käpten Feuernase, so erzählte man sich, war an Grausamkeit nicht zu überbieten. Und jedem, der ihm in die Quere käme, erginge es schlecht. Gesehen hatte ihn zum Glück noch keiner, es reichten schon die Geschichten, die man sich über sein grässliches Aussehen erzählte, vor allem über seinen feuerroten Zinken.

Abgesehen von der Angst vor Käpten Feuernase führten die Piraten auf der „Dicken Berta" ein lustiges Leben.

Nur einmal im Jahr machten sie Pause von der wilden Seeräuberei auf hoher See. Dann machten die Männer der Besatzung Landurlaub, besuchten ihre Verwandten oder gingen zum Frisör oder zum Zahnarzt.

Kapitän Hakenhand fuhr in dieser Zeit jedes Mal mit dem Ruderboot zu einer sehr versteckt liegenden kleinen Insel. Hier fühlte er sich sicher vor Käpten Feuernase,

denn hier gab es weit und breit keinen Hafen, an dem man mit einem großen Segelschiff hätte anlegen können.

Auf der Insel kannte man ihn nur als Piet, den Seemann, denn hier wollte er von seinem Seeräuberleben mal überhaupt nichts wissen. Hier wollte er sich nur ausruhen und in der Kneipe „Zum winkenden Holzwurm" seinen Freund Flint treffen, der jedes Jahr zur verabredeten Zeit an dem blank gescheuerten Holztisch in der Ecke des Gastraums auf ihn wartete.

Mit Flint fühlte er sich wirklich pudelwohl. Sie spielten zusammen Karten, spannen jede Menge Seemannsgarn und erzählten sich Geschichten aus ihrer Jugend.

Und während Waltraut, die Wirtin des „Winkenden Holzwurm", ihren berühmten Holunderblütentee, natürlich mit einem ordentlichen Schuss Rum, servierte, holte Piet sein Schifferklavier hervor.

Zweistimmig sangen sie dann: „Das ist die Liebe der Matrosen" oder „Das kann doch einen Seemann nicht erschüttern". „Das Einzige, was uns zwei erschüttern kann, ist dein ewiges Niesen alter Junge!", lachte Piet dann und prostete seinem alten Freund zu.

Als Hakenhand dieses Mal

von seinem kleinen Inselausflug zurück an Bord der „Dicken Berta" gekommen war, begrüßte er äußerst zufrieden seine frisch frisierten Männer und sagte: „Diesmal segeln wir in die Südsee, da waren wir schon lange nicht mehr!"

Sie waren bereits zwei Wochen unterwegs, da saß Kapitän Hakenhand eines Morgens in einem Holzzuber an Deck und nahm sein monatliches Vollbad.

„In meiner Badewanne bin ich Kapitän!", blubberte er gerade fröhlich, als steuerbord die blauen Segel von Käpten Feuernase in Sicht kamen. Schnell hopste Hakenhand aus der Wanne. Diesmal gab es kein Entrinnen mehr.

„Ein Handtuch, ein Handtuch!", schrie er und dabei schlotterten seine Knie wie Wackelpudding. „Holt eure Säbel!", schrie er und dabei klapperten seine Zähne wie Kastagnetten.

Währenddessen war Feuernases Schiff immer näher gekommen.

„Klar zum Entern!", hörte man eine tiefe Stimme brüllen. Und da sprangen auch schon unzählige Piraten mit gezückten Säbeln auf die Planken der „Dicken Berta". An einem dicken Seil schwang sich der Kapitän selbst herüber.

„Hab ich dich, Hakenhand, du Schurke! Du machst mir die Meere nicht mehr unsicher!", brüllte er und landete mit einem Platsch in Hakenhands Badezuber.

Hakenhand wollte seinen Augen nicht trauen.

„Das gibt's doch nicht", stotterte er. „Das darf doch nicht wahr sein." Und auch Feuernase guckte verdattert. Da stand ihm, in ein Handtuch gewickelt, mit tropfendem Bart, der gefürchtete Kapitän Hakenhand gegenüber und sah genauso aus wie sein alter Freund Piet. Nur ein bisschen grüner um die Nase.

„Bei allen Seeungeheuern, bist du es wirklich?"

„Ich glaube schon!", flüsterte Hakenhand verstört. „Und du, Flint, bist der gefährliche Käpten Feuernase, vor dem wir immer Reißaus genommen haben?"

„Ihr nehmt Reißaus vor mir? Da lachen ja die Makrelen. Wir brauchten nur zu hören, Hakenhand mit seiner Eisenklaue ist in der

Nähe, da haben wir uns vor Angst fast in die Hosen gemacht. Angegriffen haben wir heute nur, weil wir euch nicht mehr ausweichen konnten."

Die anderen Piraten hörten mit großen Augen zu. Ihre Säbel hatten sie längst sinken lassen.

„Wenn ich das zu Hause erzähle, glaubt mir das kein Mensch", sagte ein Kleiner mit Nasenring und langem Zopf.

„Das mit der Eisenklaue war mein Ururgroßvater, aber so gefährlich war der auch nicht", grinste Hakenhand. „Warum du Feuernase heißt, kann allerdings jeder sehen. Mich wundert, dass mir das im ‚Winkenden Holzwurm' nie aufgefallen ist."

„Nu werd auf deine alten Tage nicht frech!", lachte Flint fröhlich und schnäuzte sich die Nase. Und jetzt, würde ich sagen, schmeißen wir zusammen, was wir noch an Leckereien unter Deck haben. Denn diese verrückte Geschichte muss doch gefeiert werden."

„Jawoll!", antwortete Piet glücklich. „Ich hole schon mal mein Schifferklavier."

So kam es, dass in dieser Nacht im Meer kurz vor der Südsee ein Fest gefeiert wurde, von dem sich die Fische noch heute erzählen. Am lautesten wurde das Gelächter, wenn Piet und Flint die Geschichten zum Besten gaben, die man sich auf den Weltmeeren über den fürchterlichen Kapitän Hakenhand und den Grauen erregenden Käpten Feuernase zu erzählen wusste. Und wer genau aufpasste, konnte zwischen all den Lachern immer wieder einen lauten Nieser hören.

DU BIST NICHT MEHR MEINE FREUNDIN!

Gerade kocht sich Mama in der Küche einen Tee. Sie ist ganz allein. Papa ist noch schnell zum Einkaufen gefahren, Simon ist mit dem Fahrrad unterwegs und Lisa, die Jüngste, spielt bei ihrer allerbesten Freundin Paula. Plötzlich hört Mama auf der Treppe ein lautes Stampfen. Was mag das sein? Kurz darauf klingelt es Sturm. Es hört sich an, als ob jemand den Klingelknopf mit der Faust bearbeiten würde.

Schnell öffnet Mama die Tür. Und wer steht draußen mit vor Wut blitzenden Augen, die geballten Fäuste tief in die Hosentaschen gebohrt? Lisa!

„Nie mehr!", brüllt Lisa und stampft wütend an Mama vorbei.

„Nie mehr ist Paula meine beste Freundin!"

„Was ist denn passiert?", fragt Mama erschrocken. Aber Lisa schmeißt nur ihren Rucksack in die Ecke. Und zwar so heftig, dass Frau Susemihl herausfliegt.

„He, die Puppe kann doch nichts dafür!", sagt Mama und hebt Frau Susemihl hoch, die kopfüber in Papas Gummistiefel gelandet ist.

„Mir doch egal!", knurrt Lisa und schleudert in hohem Bogen ihre Schuhe von sich.

„Was ist denn los, Lisa?", fragt Mama noch einmal und klaubt einen Schuh aus dem Schirmständer.

Lisa antwortet nicht und rennt noch im Anorak wütend in ihr

Zimmer. Sie schmeißt sich aufs Bett und trommelt mit den Fäusten auf die Matratze. Mama setzt sich auf die Bettkante und streichelt Lisa vorsichtig übers Haar.

„Lass mich in Ruhe!", brüllt Lisa.

„Na, dann beruhig dich erst mal", seufzt Mama und geht zurück in die Küche. An der Tür dreht sie sich noch einmal um. „Falls du Durst hast, es gibt Früchtetee und Kekse."

Aber von Lisa kommt kein Mucks. Ratlos zuckt Mama mit den Schultern.

Nachdem sie ihren Tee getrunken, die Zeitung gelesen und schnell noch eine Waschmaschine mit Wäsche gefüllt hat, schaut Mama noch mal nach Lisa. Die liegt immer noch genauso auf dem Bett wie vorhin.

„Willst du nicht wenigstens deinen Anorak ausziehen, Lisa?"

„Lass mich in Ruhe", brummt Lisa.

In dem Moment dreht sich ein Schlüssel im Schloss der Wohnungstür.

„Hallo, ihr Lieben, ich bin wieder da!", ruft Papa fröhlich und wuchtet die schwere Kiste mit den Einkäufen in den Flur. Er drückt Mama einen schnellen Kuss auf die Backe.

„Ich hab Paulas Eltern im Supermarkt getroffen. Wir sind am Sonntag zum Kaffee eingeladen", erzählt er, während er seine Jacke an den Haken hängt.

„UUUUUAAAAAAH!", brüllt Lisa, die jetzt senkrecht auf dem Bett sitzt.

„Was ist denn los?", fragt Papa verständnislos.

„Lisa und Paula haben sich gestritten", erklärt Mama „Das wird schon wieder."

„Nie mehr!", schreit Lisa.

„Nie mehr ist Paula meine Freundin. Und ihr seid alle blöd!", fügt sie schluchzend hinzu.

„Hehehe, nun mal langsam", sagt Papa. „Was ist denn so Schreckliches passiert?" Er geht ins Kinderzimmer und setzt sich zu Lisa aufs Bett.

„Was ist denn passiert, dass sich Schneeweißchen und Rosenrot so entzweit haben?", fragt er mit einem kleinen Schmunzeln.

Schneeweißchen und Rosenrot, das sagt er immer, weil Lisa im letzten Winter eine weiße Mütze hatte und Paula eine rosenrote. Sonst findet Lisa das immer lustig. Aber heute kann sie gar nicht darüber lachen.

„Lass mich in Ruhe!", heult sie laut, nimmt den Teddy, der ihr am nächsten sitzt, und pfeffert ihn gegen den Schrank. Alle anderen Kuscheltiere fliegen hinterher. Sogar Knuddl Hase, den Lisa am allermeisten liebt, schmeißt sie quer durchs Zimmer.

„Willst du uns nicht erzählen, was los ist?", versucht Papa es noch einmal.

siehst ja aus, als hättest du dich mit den Händen bis China durchgebuddelt."

„Essen ist fertig!", ruft Mama.

„Hab keinen Hunger!", ruft Lisa.

„He, es gibt aber dein absolutes Lieblingsessen", sagt Simon, als er vom Bad zurückkommt. „Mir doch egal", brummt Lisa.

„Cool! Dann kann ich ja deine Portion mitessen", grinst Simon.

„Mir doch egal!", brummt Lisa.

„Was ist denn los? Du machst ja ein Gesicht wie 'ne Gewitterziege."

Aber Lisa guckt nur finster vor sich hin. Kurz vor dem Abendessen kommt Simon nach Hause.

„Mensch, hab ich einen Bärenhunger!", ruft er schon an der Tür und streift seine dreckigen Stiefel ab.

„Was gibt es denn?", fragt er und kommt schnuppernd in die Küche.

„Speckpfannkuchen und Salat", sagt Papa. „Aber geh erst mal zum Pfotenwaschen. Du

„Lass mich in Ruhe!", schreit Lisa und streckt ihrem Bruder die Zunge heraus.

„Gewitterziege, Gewitterziege!", singt Simon und schneidet dazu seine verrücktesten Grimassen.

„Komm, lass sie zufrieden", sagt Mama und legt ihren Arm um Simon.

„Sie hatte einen schlimmen Streit mit ihrer Freundin. Deshalb ist sie so schlecht gelaunt."

„Paula ist nicht mehr meine Freundin!",
ruft Lisa und Tränen der Wut laufen ihr
über die Backen.

„Mach dir nichts draus", versucht Simon zu
trösten. „Der Lukas war auch schon ein paar
Mal nicht mehr mein Freund."

„Aber Paula ist nie, nie, nie mehr meine
Freundin!", weint Lisa.

Und da weiß Simon auch nicht mehr weiter.
Die Speckpfannkuchen duften zwar sehr
lecker, aber Lisa rührt keinen Bissen an.
Auch nicht vom Salat, obwohl ihn Mama
extra mit Mais gemacht hat.

Nach dem Essen, Lisa hat inzwischen miss-
mutig ihren Schlafanzug angezogen, klingelt das Telefon.

„Ist für Lisa!", ruft Simon und reicht seiner
Schwester das Telefon.

„Ja?", sagt Lisa. „Hmm! Okay! Bis dann!" –
„Das war Paula!", sagt Lisa, als sie in
die Küche gehopst kommt. „Sie
holt mich morgen zum
Baden ab. Gibt's
noch Pfann-
kuchen?

Jetzt hab ich irgendwie doch Hunger."

„Das verstehe, wer will", seufzt Simon.

Lisa verputzt drei Pfannkuchen und jede
Menge Salat.

Nach dem Zähneputzen reiht sie alle ihre
Kuscheltiere wieder fein säuberlich auf ihrem Bett auf. Knuddl Hase kriegt einen
Schmatz und den Ehrenplatz auf dem Kopfkissen direkt neben Frau Susemihl.

Als Papa und Mama zum Gutenachtsagen
kommen, wollen sie natürlich wissen, was
eigentlich los war. Warum Lisa denn erst so
wütend war und jetzt doch wieder mit Paula
zum Baden gehen will.

„Worüber habt ihr euch denn so fürchter-
lich gestritten?"

„So halt!", sagt Lisa und kuschelt sich tief
in ihre Decke.

Und damit müs-
sen sich Papa
und Mama
wohl zufrie-
den geben.

HÄSCHEN IM ICE

Bei Jonas wohnten schon eine Menge Kuscheltiere oben im Regal. Da saß der grüne Drache neben dem riesengroßen Eisbären. Da hockte der Hase mit der Augenklappe dicht bei der Schmuseeule und der Esel mit dem roten Halfter neben dem Löwen mit der zotteligen Mähne, während vorne an der Ecke der Schlafteddy mit der Kuschelmaus um die Wette schnarchte.

Jonas mochte alle seine Tiere sehr gerne, aber mit Häschen war es von Anfang an etwas Besonderes gewesen. Vielleicht lag es an dem wuscheligen Fell, vielleicht an den Schlenkerbeinen und dem lustigen Knickohr, vielleicht aber auch daran, dass es Jonas gleich so verschwörerisch zugeblinzelt hatte. Papa hatte es eines Tages von einer Reise mitgebracht und abends aufs Kopfkissen gesetzt. Von da an sah man Jonas nie mehr ohne sein Häschen. Es saß beim Frühstück mit am Tisch, bekam Müsli auf einer Espresso-Untertasse und Milch aus einem winzigen Glas. Es kam im Rucksack mit in den Kindergarten und nachmittags mit auf den Spielplatz. Aus Baufix baute Jonas eine Kutsche mit echtem Regendach für das Häschen und aus einem Schuhkarton ein Kuschelbett. Am Abend wurde es mit einer

molligen Decke zugedeckt und bekam jede Menge Gutenachtgeschichten erzählt.

Als die Familie zu Omas Geburtstag fahren wollte, musste das Häschen natürlich auch mit. Oma und Opa wohnten weit weg. Es war eine ziemlich lange Reise mit dem Auto.

„Das Häschen will wissen, wann wir endlich da sind", fragte Jonas ungefähr jede halbe Stunde.

„Ihr zwei langweilt euch wohl sehr?", grinste Papa. „Du kannst deinem Häschen sagen, dass der Rückweg sicher spannender wird. Da fahrt ihr zwei mit Mama im ICE, weil ich mit dem Auto nach Hamburg weiterfahren muss."

„Aha", sagte Jonas. „Und wann sind wir jetzt endlich da?"

Die Reise zu Oma und Opa dauerte immer schrecklich lange, aber die Zeit dort verging wie im Flug. Jonas und Häschen waren mit Opa beim Kartoffelsetzen gewesen und Oma hatte für das Häschen etwas zum Anziehen gesucht. Es trug jetzt eine blaue Strickjacke, die einmal Mamas Puppe gehört hatte, und eine kurze, gestreifte Latzhose.

„So fein gemacht, kann man dich auf Reisen schicken", sagte die Oma beim Abschied auf dem Bahnsteig und steckte das Häschen in die Seitentasche von Jonas' Rucksack.

„Bis zum nächsten Mal!", rief der Opa, als sie schon in den Zug eingestiegen waren. Dann schlossen sich die Türen und die Reise ging los.

„Der Zug ist ganz schön voll! Zum Glück habe ich Plätze für uns reserviert", sagte Mama und schob Jonas durch den langen Gang vor sich her.

Im Wagen Nummer vier waren gerade noch ihre zwei Plätze frei. Ihnen gegenüber saßen eine Frau, die irgendetwas in ihren Laptop tippte, und ein junger Mann, der ein dickes Buch las.

Jonas holte Häschen aus dem Rucksack.

„Meine Damen und Herren, wir begrüßen sie recht herzlich im ICE ‚August Macke'. In der Mitte des Zuges steht ihnen ein Bord-restaurant zur Verfügung. Wir wünschen Ihnen eine angenehme Reise", tönte es aus dem Lautsprecher.

Zunächst fand Jonas alles sehr spannend. Er untersuchte die Glastüren, die sich wie von Geisterhand öffneten, wenn man in ihre Nähe kam.

Er fand den Knopf, mit dem man den Sitz verstellen konnte, zeigte dem Häschen, wie draußen die Felder, Wiesen und Dörfer vor-beiflogen und ließ sich von Mama die Geschichte von Peter Hase vorlesen.

Als Jonas immer zappeliger wurde, ging Mama mit ihm und dem Häschen in das Bordrestaurant. Dort konnte man sich etwas zu trinken und zu essen kaufen. Man musste die Sachen nur ohne zu kleckern zu den kleinen Tischen tragen. Jonas balan-cierte vorsichtig ein Glas Saft. Der Zug

ruckelte und schuckelte. Mama hätte beinahe ihren ganzen Kaffee verschüttet.

„Schau mal, was ich hier habe", sagte sie, als sie sich gesetzt hatten, und zeigte eine kleine Plastikdose.

„Was ist das?", fragte Jonas.

„Das sind Ohrhörer, die kann man in die Armlehne von deinem Sitz einstöpseln und Kindergeschichten anhören."

Das konnte Jonas kaum glauben. Türen, die von alleine auf- und zugingen, okay, aber Kindergeschichten aus der Armlehne? Das musste er ausprobieren. Plötzlich hatte er es sehr eilig. Er ließ Mama kaum Zeit, ihren Kaffee auszutrinken.

In der einen Hand hatte er die Plastikdose, mit der anderen zog er Mama hinter sich her.

An seinem Platz angekommen, fand Jonas tatsächlich das kleine Loch in der Armlehne, in das der Ohrhörer eingestöpselt werden musste, und auf Kanal fünf kam wirklich eine Kindergeschichte. Es war das Märchen vom Wolf und den sieben Geißlein.

Mama hatte es sich mit ihrem Buch bequem gemacht. Die Frau gegenüber arbeitete immer noch an ihrem Laptop und der junge Mann war inzwischen eingeschlafen.

Draußen flog die Landschaft vorbei. Mama gähnte und wollte schon einnicken, da schaltete sich mit einem Knacksen der Lautsprecher wieder ein: „Meine Damen und Herren, wir bitten um ihre Aufmerksamkeit. Im Bordrestaurant ist ein Hase vergessen worden."

„Nanu?", sagte Mama und Jonas bekam vor Staunen kugelrunde Augen, denn auch das Märchen vom Wolf und den sieben Geißlein war für die Durchsage unterbrochen worden, und zwar genau an der Stelle, wo sich das kleinste Geißlein im Uhrenkasten versteckt.

„Wo ist eigentlich dein Häschen?", fragte Mama. Aber Jonas konnte sie ja nicht hören. Ganz verwirrt war er und saß immer noch stocksteif da. Mama pflückte ihm die Stöpsel aus den Ohren.

„Mein Häschen", schrie er, „das haben wir eben an der Kasse vergessen, wegen dem Saft und dem Schaukeln und allem!"

Schon war er aufgesprungen und rannte in Richtung Restaurantwagen. Mama kam gar nicht so schnell hinterher. Im Gang standen eine Menge Leute mit

ihren Koffern und Taschen, die wollten alle am nächsten Bahnhof aussteigen. Jonas drängelte sich durch. Vor Aufregung trat er einigen Leuten auf die Füße. Ein Mann schimpfte, ein anderer lachte: „Du willst wohl deinen Hasen abholen?"

Fast hatte Jonas das Restaurant erreicht, da versperrte ihm der Mann mit dem Getränkewagen den Weg. Wenn inzwischen jemand anderes das Häschen geholt hatte, oder wenn vielleicht ein ganz anderer Hase gemeint war. Das war gar nicht auszudenken! Endlich machte der Mann Platz.

Schnell drückte sich Jonas vorbei, stürzte ins Restaurant und direkt an die Kasse.

„Mein Hase!", keuchte er.

„Ist es der hier?", fragte die Kassiererin freundlich. „Der ist nett, den hätte ich am liebsten selbst behalten."

„Nee", sagte Jonas, „das ist doch mein bester Freund, den gebe ich nie her. Auf den pass ich ab jetzt höllisch auf. Und vielen Dank für die Durchsage."

„Ist schon recht!", lachte die Kassiererin. „Kommt gut nach Hause, ihr zwei."

WIE VERHEXT!

Der Wald von Hintertrüblingen ist wahrscheinlich der einzige Hexenwald, in dem gleich zwei Hexenhäuschen stehen, ein blaues und ein türkisgrünes. In dem blauen wohnt die kleine Hexe Lüdia mit ihrem schwarzen Raben Rufus. Und in dem türkisgrünen, das genau auf der anderen Seite der großen Lichtung steht, wohnt Zilly mit ihrer rabenschwarzen Katze Pandora.

Die zwei Hexen sind die dicksten Freundinnen. Überall tauchen sie gemeinsam auf.

Zum großen Hexenfest im Mai fliegen sie sogar zusammen auf einem Besen. Und das ist in Hexenkreisen nun wirklich nicht üblich.

„Wir zwei …", sagt Zilly, wenn sie abends vor dem bullernden Ofen im blauen Haus sitzen, „… sind unschlagbar!", seufzt Lüdia dann und schlürft zufrieden vom heißen Holundersaft, während Rufus und Pandora in den Dachbalken ein Schläfchen halten.

Doch an einem Freitag im April, als die

beiden gerade in Zillys Garten beim Früh-
stück sitzen, gibt es plötzlich Streit. Viel-
leicht liegt es daran, dass ein Gewitter in der
Luft liegt. Vielleicht liegt es daran, dass die
Milch fürs Müsli sauer geworden ist oder
dass Lüdia vergessen hat, die versprochenen
Walderdbeeren mitzubringen. So genau
kann das niemand mehr sagen. Plötzlich ist
der Streit da und die hexigsten Schimpfwör-
ter fliegen zwischen den beiden hin und her:
„Du krötennasige Wiesenschnecke!"
„Du besenhaarige Warzenkröte!"
„Rhabarberblattohrige Zimtziege!"
„Triefäugige Waldeule!"
„Schleimzüngige Giftnatter!"
„Fischnasige Blattwanze!"
„Suppenhuhn!"
„Stinkmorchel!"
„Schnepfe!"
„Flunder!"

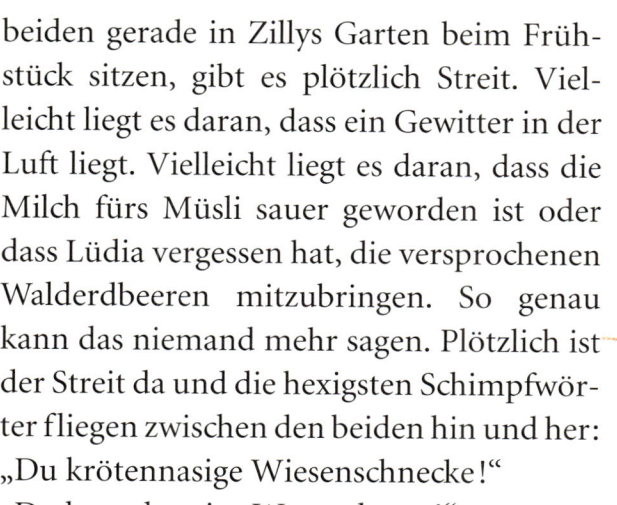

Schließlich schnappt sich Lüdia ihren Besen
und mit den Worten: „Rufus, wir fliegen!",
fegt sie in einer scharfen Kurve über den
Frühstückstisch, sodass alle Brötchen und
das Geschirr links und rechts in die Büsche
fliegen. Das Glas mit der Vogelbeermar-
melade landet genau auf Zillys Hexennase.
Das ist zu viel.
„Du brauchst dich hier nie wieder blicken
zu lassen!", kreischt sie hinter der davon-
sausenden Lüdia her.

Von da an reden die beiden in der Tat kein Wort mehr miteinander. Voller Wut zaubert Lüdia einen hohen Holzzaun quer über die Lichtung und Zilly lässt auf der anderen Seite eine undurchdringliche Dornenhecke wachsen.

„Wenn du nicht so schlecht schlafen würdest", grinst die Katze Pandora, „könnte man denken, du wartest auf den Prinzen, der dich wachküsst."

„Ach, lass mich doch in Ruhe", murrt Zilly schlecht gelaunt.

„Vielleicht solltet ihr euch wieder vertragen?", fragt Pandora vorsichtig. „Deine miese Laune geht mir allmählich auf die Schnurrhaare."

„So ein Quatsch!", zischt Zilly. „Es geht mir so blendend, als wäre die ganze Zeit Weihnachten und Geburtstag auf einmal. Und wie zum Beweis pfeift sie sehr laut und sehr falsch das Lied „Ich bin ja heut so glücklich,

so glücklich, so glücklich. Ich bin ja heut so glücklich, so glücklich wie noch nie …" vor sich hin.

Zum großen Hexenfest im Mai fliegen die beiden natürlich getrennt. Zilly stellt ihren Besen am östlichen Waldrand ab, Lüdia ihren am westlichen. Und wenn es eine der anderen Hexen wagt, Lüdia zu fragen, wo sie denn ihre Freundin gelassen hat, bekommt sie sofort eine Blumenkohlnase gehext. Und wenn Zilly das Gleiche gefragt wird, hext sie ihrem Gegenüber voller Ärger eine Gurke ans Kinn. Keiner von beiden will in dieser Nacht der Hexenwein schmecken und die Fliegenpilzpizza schon gar nicht. Lange bevor der Tanz ums große Feuer beginnt, sind Lüdia und Zilly schon wieder zu Hause.

Rufus und Pandora, die gerne noch weitergefeiert hätten, ärgern sich.

„So geht das nicht weiter", krächzt Rufus eines Morgens, als Lüdia wie so oft in letzter Zeit mürrisch auf der Bank vor ihrem Haus sitzt. Sie weiß nichts mit sich anzufangen, hat keinen Appetit mehr und das Hexen macht ihr auch keinen Spaß. Erst gestern hat sie sich beim Eierlegezauber vertan und die Hühner fingen an, statt Eiern Eiswürfel zu legen.

„Spinnst du?", hatte das Huhn Berta gegackert, „wir sind doch keine Pinguine!"
Und die Henne Martha hatte sich beim Versuch, die Dinger auszubrüten, eine schlimme Erkältung geholt.

„So geht das wirklich nicht weiter", krächzt Rufus noch einmal. „Entweder du verträgst dich endlich wieder mit Zilly oder ich ziehe aus!"

„Ich vertrage mich mit niemandem, der mich ‚schleimzüngige Blattwanze' nennt!", brummt Lüdia.

„Fischnasige Blattwanze!", berichtet Rufus. „‚Schleimzüngige Giftnatter' hast du gesagt."

„Ach, lass mich doch in Ruhe", murrt Lüdia finster.

Als Lüdia am nächsten Morgen statt Walderdbeeren rote Springbohnen ins Müsli schüttet und diese dann wie wild geworden durch die ganze Hexenküche hopsen, an den Wänden abprallen und schließlich Rufus' Schwanzfedern treffen, hat er genug. Mit einem empörten Krächzer schwingt er sich in die Höhe und fliegt durchs offene Küchenfenster davon. Ein paar verirrte Springbohnen schießen noch hinter ihm her.

Während er ratlos ein paar Kreise über der Lichtung dreht, entdeckt er Pandora, die gerade versucht, über den hohen Lattenzaun zu klettern. Unruhig mit den Flügeln schlagend landet er neben ihr.

„Hallo, Rufus", begrüßt sie ihn. „Zu dir wollte ich gerade. Irgendetwas müssen wir unternehmen. Mit Zilly ist es nicht mehr auszuhalten. Sie hat eine unglaublich miese Laune und hext den ganzen Tag unnützes Zeug: Kaffeewärmer mit Rosenmuster, dabei bleibt Hexenkaffee doch sowieso immer heiß. Oder bestickte Sofakissen, in die haut sie dann den ganzen Tag so einen albernen Knick und dann schüttelt sie sie wieder aus. Heute Morgen hat sie sogar aus vier Kartoffeln Hausschuhe für mich gehext. Kannst du dir das vorstellen, Pantoffeln für eine Katze?" Pandora schüttelt sich.

„Unglaublich", sagt Rufus düster und erzählt, was gleichzeitig alles im blauen Haus passiert ist.

„Unfassbar", maunzt Pandora.

Dass die beiden sich ganz schnell wieder vertragen müssen, darüber sind sich der schwarze Rabe und die rabenschwarze Katze einig. Aber wie sollen sie das anstellen? Auch nach langem Hin und Her will ihnen nichts einfallen.

„Auf jeden Fall bleib ich erst mal von zu Hause weg", beschließt Pandora. „Hausschuhe! Pff!"

„Wir könnten in der alten Mühle übernachten", meint Rufus.

Als Rufus am Abend noch nicht zurück ist, denkt Lüdia: „Der will mich bloß zwingen, mich wieder mit Zilly zu vertragen, aber da kann er lange warten. ‚Fischnasige Blattwanze'! Ha!"

Ärgerlich geht sie ins Bett und zieht sich die Flickendecke über die Nase.

Als Rufus aber am nächsten und am übernächsten Tag immer noch nicht auftaucht, fängt sie an, sich Sorgen zu machen. So lange war er noch nie von zu Hause fort. Sie stellt ihm sein Lieblingsfutter aufs Fensterbrett, das hat ihn noch immer angelockt. Aber auch am Tag darauf taucht Rufus nicht auf.

Wenn er das mit dem Ausziehen nun ernst gemeint hat? Aber wo sollte er denn hin? Er wird doch nicht zu Zilly und Pandora gezogen sein!

Je mehr sie darüber nachdenkt, desto mehr packt sie die Wut und desto sicherer wird sie, dass sie ihren Raben im türkisgrünen Haus finden wird. Sie schwingt sich auf ihren Besen und fliegt schnurstracks über

Zaun und Dornenhecke hinweg, landet im Radieschenbeet, schmeißt den Besen zwischen die Kohlköpfe und stapft wütend zum Haus. Ohne anzuklopfen reißt sie die Tür auf und bleibt wie angewurzelt stehen.

„Wie sieht es denn hier aus?", ruft sie entsetzt.

Überall bestickte Sofakissen und Häkeldeckchen und mittendrin eine herzzerreißend schluchzende Zilly.

„Zilly, schämst du dich nicht? Hier sieht es ja aus wie in einem stinknormalen Wohnzimmer. Du bist doch eine Hexe!"

„Pandora ist weg! Nur wegen dir!", heult Zilly und wirft ein Kissen mit der Aufschrift „Trautes Heim, Glück allein" nach Lüdia.

„Rufus ist auch weg, ich dachte, er wäre bei dir", sagt Lüdia wütend und schmeißt das Kissen zurück.

„Wird uns wohl nichts anderes übrig bleiben, als die zwei zu suchen", schnieft Zilly.

„Aber ich tu es nur für Rufus und dann verschwinde ich wieder hinter meinen Zaun!", raunzt Lüdia.

„Das will ich auch hoffen!", keift Zilly.

Schweigend stapfen die beiden in den Wald hinein, suchen zwischen den Büschen, in verlassenen Vogelnestern und Fuchsbauten, in der alten Räuberhöhle und im Bootshaus beim grünen Teich.

Nirgends eine Spur von Rufus oder Pandora.

Immer weiter geraten die beiden Hexen in den Wald hinein.

Verstohlen schielt Lüdia manchmal zu Zilly hinüber. Ziemlich verheult sieht die noch aus. Früher hätte Lüdia sie getröstet. Als Zilly guckt, guckt Lüdia schnell weg.

Nach vielen Stunden kommen sie erschöpft beim blauen Haus an. Lüdia gibt sich einen Ruck.

„Willst du einen Holundersaft, du fischnasige Blattwanze?", sagt sie und grinst Zilly verlegen an.

„Gern, du schleimzüngige Giftnatter!", antwortet Zilly mit einem schiefen Lächeln. Und dann fallen sich die beiden Freundinnen schluchzend in die Arme.

„Wie hab ich es nur so lange ohne dich ausgehalten, du Schnepfe", sagt Lüdia und putzt sich die Nase.

Als sie mit dem Holundersaft auf der Bank sitzen und die müden Füße von sich strecken, sagt Zilly: „Du bist jedenfalls die liebste fischnasige Blattwanze, die ich kenne!"

„Werd nicht wieder frech", grinst Lüdia und legt ihren Arm um die Schultern der Freundin.

„Die haben uns doch glatt vergessen", sagt Rufus, als er um die Hausecke schielt.

„Umso besser", grinst Pandora.

FRITZI

Der erste Tag im neuen Kindergarten war aufregend gewesen. Papa, der Florian mittags abholt, bekommt alles ausführlich erzählt. Von Sabine, der Erzieherin, die so toll Musik machen kann, von der langen Rutsche im Garten, von dem Klettergerüst mit der Geheimtür hinten zwischen den Büschen und natürlich von Fritzi, der am höchsten geklettert ist und am lautesten gesungen hat und natürlich am nettesten von all den Kindern in der Drachen-Gruppe ist. Das findet wenigstens Florian, dem am Morgen noch ziemlich mulmig gewesen war. Und der deshalb am liebsten gleich wieder mit Papa nach Hause gegangen wäre. Vor ein paar Tagen erst ist die Familie hier in die Stadt gezogen und alles ist noch neu und ein bisschen unheimlich. Die Wohnung riecht nach frischer Farbe und Tapetenkleister und die Geräusche, die Florian vor dem Einschlafen hört, sind ganz anders als auf dem Dorf, in dem sie vorher gewohnt haben.

„Toll, dass dir dein Kindergarten so gut gefällt", sagt Papa. „Und zur Feier des Tages gehen wir über den Marktplatz und kaufen uns ein Eis, obwohl es eigentlich Mittagessenszeit ist. Was sagst du jetzt?"

„Wow!", strahlt Florian.

Auch am nächsten Tag hat Florian wieder viel zu erzählen und am meisten erzählt er von Fritzi. Was sie alles zusammen gemacht haben und dass er mit Fritzi sogar in der Puppenecke gespielt hat und dass das sogar Spaß gemacht hat, obwohl die Puppenecke ja eigentlich bloß was für Mädchen ist. Aber trotzdem.

Und Fritzi hat gefragt, ob Florian sein Freund sein will. Weil Fritzis Familie auch erst seit ein paar Wochen hier wohnt, hat Fritzi nämlich bis jetzt keine richtigen Freunde. Und Fritzi findet Florian echt nett und ziemlich lustig.

Florian freut sich, einen richtigen Freund gefunden zu haben. In seinem Dorf hat er zwar auch einen Kindergartenfreund gehabt, aber der hat ein paar Dörfer weiter gewohnt und in der Nachbarschaft gab es nur Mädchen, mit denen er spielen konnte. Da ist es doch mit Fritzi ganz was anderes. Der wohnt nur ein paar Straßen weiter. Man kann sogar die Abkürzung durch den Park nehmen, dann ist man ruckzuck da.

Im Park könnten sie ein Fahrradwettrennen machen. Fritzi kann nämlich auch schon ohne Stützräder fahren. Und die Supervollbremsung, bei der die Steinchen durch die Gegend spritzen, kann er auch. Das hat er gesagt.

Fröhlich hopst Florian neben Papa her.

„Wenn wir dein Kinderzimmer fertig renoviert haben, kannst du Fritzi ja mal einladen, ich möchte ihn auch mal kennen lernen", sagt Papa.

„Klaro!", sagt Florian.

In den nächsten Tagen ist viel zu tun. Im Kindergarten bereiten sie sich auf das große Frühlingsfest vor. Und zu Hause wird Florians Zimmer tapeziert. Mit Mama zusammen hat er eine tolle Tapete ausgesucht. Rote, blaue und gelbe Rennautos sind da drauf. Die gefällt Fritzi bestimmt auch, da ist sich Florian sicher.

Am Mittwoch vor dem Frühlingsfest ist es so weit, Florian hat Fritzi für den Nachmittag eingeladen. Um drei soll er da sein. Schon kurz nach dem Mittagessen hopst Florian ungeduldig durch die Wohnung.

„Wie viel Uhr ist es jetzt?", fragt er alle drei Minuten, bis Mama genervt mit den Augen rollt.

„Wenn der große Zeiger auf der Zwölf ist und der kleine Zeiger auf der Drei, dann ist es drei Uhr. Und jetzt frag bitte nicht mehr, das halten meine Nerven nicht aus."

„Pfff!", denkt Florian „Nerven! Wozu braucht man überhaupt so was Blödes. Wenn ich groß bin, will ich jedenfalls keine Nerven haben." Dann wandert er weiter ungeduldig zwischen der Uhr und dem Fenster hin und her. Unten auf der Straße kommen erst ein alter Mann mit seinem Hund vorbei, dann ein paar große Mädchen, die sich eingehakt haben und miteinander tuscheln und kichern, aber kein Fritzi.

„Blöd!", denkt Florian und wird immer ungeduldiger.

Um fünf nach drei klingelt es endlich. Draußen steht Fritzi mit seiner Mama. Aber ist das wirklich Fritzi?

Verdutzt starrt Florian seinen Freund an.

„Stimmt was nicht?", fragt Fritzi.

„Du siehst ja aus wie ein Mädchen!", krächzt Florian und deutet auf die rosa Haarspange in Fritzis Wuschelkopf.

„Ja und? Ich bin ja auch eins."

„Das kann nicht sein, du heißt doch Fritzi", haucht Florian.

„Klar! Fritzi von Friederike, was hast du denn gedacht?"

„Fritzi von Fritz hab ich gedacht!", brüllt Florian. „Und ich dachte, du wärst mein Freund. Und ich dachte, wir machen am Frühlingsfest zusammen die Holzhacker. Und, und …"

Wütend rennt Florian in sein Zimmer und knallt die Tür hinter sich zu.

Blödes Zimmer, blöde Rennautos und blöde Fritzi. Und blödes Fahrradwettrennen und blöder Park und alles blöd, blöd, blöd! Gar nicht mehr einkriegen will sich Florian. Er hockt in der schmalen Ecke zwischen Kleiderschrank und Regal und starrt finster vor sich hin. Das ist ja so gemein! Erst sagt sie, dass sie sein Freund sein will und dann ist sie einfach ein Mädchen.

Da steckt Fritzi den Kopf zur Tür herein. „Was ist denn los?", fragt sie.

„Blöd!", brummt Florian.

„Wieso soll ich auf einmal nicht mehr dein Freund sein? Bloß weil du nicht wusstest, dass ich ein Mädchen bin?"

„Hmpf", macht Florian finster.

„Gut, ich geh in den Park. Wenn du wieder normal bist, kannst du ja nachkommen." Mit hoch erhobenem Kopf zieht sie die Tür hinter sich zu.

„Männer!", sagt sie zu den beiden Mamas, die noch immer ratlos im Flur stehen.

Mama setzt gerade Kaffee auf, da schiebt sich Florian langsam durch die Tür.

„Kannst du mir mal verraten, was eigentlich los ist?", fragt Mama. „Erst freust du dich wie verrückt auf Fritzi, und kaum ist sie da, gibt's Zoff?"

„Wenn sie halt ein Mädchen ist!", brummt Florian trotzig.

„Ach, so", sagt Fritzis Mama, „hat sie dir denn was anderes erzählt?"

„Sie hat mich gefragt, ob ich ihr Freund sein will und dass wir Fahrradwettrennen machen wollen und all so was. Und Fritzi heißt sie auch und überhaupt."

„Ja, stimmt!", lacht Fritzis Mama. „So heißt sie und im Fahrradwettrennen ist sie einsame Spitze, das kann ich dir sagen."

„Hmpf", sagt Florian.

Eine Weile drückt er sich noch in der Küche herum, dann brummelt er: „Ich geh dann mal", und verschwindet leise aus der Wohnung. Langsam trottet er durch den Park in Richtung Spielplatz. Da sieht er Fritzi. Sie saust mit dem Fahrrad immer um eine große Linde herum. Mindestens so schnell

wie Michael Schuhmacher beim Formel-1-Rennen.

„Na, du Doofkopf!", ruft sie, als sie Florian entdeckt, und macht eine Super-Spezial-Bremsung, die sich gewaschen hat.

„Ich glaub, ich will echt dein Freund sein", sagt Florian und wird rot.

„Das will ich dir aber auch geraten haben, du Blödian!", lacht Fritzi.

„Und jetzt hol endlich dein Fahrrad."

AUCH FEUERGEISTER MÜSSEN SICH WASCHEN

Nur weil die kleine Wassernixe Plitschi so neugierig war, konnte es passieren, dass sie sich ausgerechnet mit einem Feuergeist anfreundete.

Sie wusste natürlich ganz genau, dass die Wassergeister in Vollmondnächten nie ans Ufer schwimmen. Sie durften nur zu der kleinen Insel in der Mitte des Möhrensees, wo sie bei Vollmond immer für ein paar Stunden aus dem Wasser stiegen, um ein Mondscheinbad zu nehmen oder ein paar Himbeeren zu pflücken.

In einer solchen Nacht war Plitschi entwischt. Sie schwamm nicht wie alle anderen hinter Großmutter Melusine her zur Insel, sondern in die entgegengesetzte Richtung zu der alten Weide am Seeufer. Die alte Weide ließ ihre Äste tief über den See hängen. Ein prima Versteck für Plitschi! Dort konnte sie sitzen und unbemerkt das Ufer beobachten.

Als sie zwischen den Zweigen hochtauchte und das Wasser aus ihren grünen Locken schüttelte, stutzte sie. Da schaukelte schon jemand an einem der unteren Äste. Jemand mit lachenden Augen, feuerrotem Haar und Millionen von Sommersprossen.

Es war Fidibus, der jüngste der Feuergeister. Er hatte sich in der Weide versteckt, weil er sich nicht waschen wollte.

„Bei Vollmond kommen wir Feuergeister nämlich immer hierher, um zu baden. Jeden Monat, obwohl ich kein bisschen schmutzig bin", erklärte er Plitschi.

„Du siehst gar nicht gefährlich aus", wunderte sich Plitschi.

„Wieso sollte ich?", fragte Fidibus.

„Weil Opa Bogumil sagt, dass alle Feuergeister gefährlich sind. Ich glaube, deshalb dürfen wir auch bei Vollmond nicht ans Ufer."

„Aber du bist trotzdem hier und ich bin nicht gefährlich", lachte Fidibus.

Seit dieser Nacht waren die beiden Freunde. Wann immer es möglich war, schwamm Plitschi ans Ufer und hielt Ausschau nach Fidibus, der meistens schon in irgendeinem Versteck auf sie wartete. Sie hatten eine Menge Spaß, vor allem bei Vollmond. Nur dann konnten ja die Feuergeister für eine Weile ins Wasser und die Wassergeister an Land.

In den anderen Nächten trafen sie sich am Bootssteg, spielten „Ich sehe was, was du nicht siehst" oder erzählten sich Witze und Geschichten.

Sie wurden so dicke Freunde, dass Plitschi ihren Geburtstag auf keinen Fall ohne Fidibus feiern wollte.

„Bei allen Unken, das kommt nicht in Frage!", grollte Großvater Bogumil. „Diese unverschämten, gemeingefährlichen, karottenköpfigen Feuergeister kommen nicht in meine Nähe, nicht um alles im Meer."

„Warum?", fragte Plitschi.

„Eben drum!", sagte der Großvater und alle großen Wassergeister nickten dazu.

„Eben drum ist keine Antwort", sagte Plitschi. „Erzählt mir lieber, warum die Feuergeister so gefährlich sein sollen."

„Weil, weil … Ach, das geht eine kleine Kaulquappe wie dich überhaupt nichts an", brummte Bogumil. Die Feuergeister sind eine gefährliche Brut und damit basta."

„Einfach so? Die haben uns doch noch nie was getan." Plitschi ließ nicht locker.

„Nie was getan? Ha! Du hast zum Beispiel noch nie von der schrecklichen Glut-Ute gehört.

Die hatte einen Bade-Tick. Jeden Tag ist sie zum Baden gekommen, nicht bloß bei Vollmond. Das Wasser hat geblubbert und gezischt, wo sie gelegen hat. Wenn sie so weitergemacht hätte, wäre der ganze See verdampft und wir säßen auf dem Trockenen. Frag Willi, den Karpfen, der hat heute noch Angst, bei lebendigem Leib zu Kochfisch zu werden."

„Aber das war doch nur Fidibus' Tante Ute!", erklärte Plitschi. „Er hat mir von ihr erzählt. Sie ist der einzige Feuergeist, der immer im Wasser sein kann. Und weil sie so verrückt aufs Baden ist, arbeitet sie jetzt im städtischen Freibad. Wenn sie da nachts blubbert, sparen sie sich die Heizung fürs Wasser. Sie ist vielleicht ein bisschen seltsam, aber doch nicht gefährlich."

„Papperlapapp!", sagte Bogumil. „Zu deinem Geburtstag kommen jedenfalls keine Feuergeister."

Plitschi war wütend. Wenn Fidibus nicht kommen durfte, wollte sie überhaupt keinen Geburtstag haben. Dann gab es auch

keine Geburtstagstorte, die der Oma immer so gut schmeckte, und keinen Gänsewein für die Mama und lustig würde es auch nicht. Das hatten sie dann alle davon.

Voller Zorn schwamm Plitschi quer durch den See. Am besten, sie kam gar nicht mehr zurück. Sollten sie doch warten, bis ihnen die Algen aus den Ohren rauswuchsen.

„Vielleicht sollten wir doch noch mal darüber nachdenken", sagte Oma Melusine und zupfte den wütend vor sich hin blubbernden Bogumil an der Rückenflosse. Mama Lore und ihre Schwester Leila nickten.

„Denn schließlich", sagte der alte Großonkel Nöck, „waren wir damals auch nicht so ganz nett zu den Feuergeistern."

„Vor Wut über Glut-Ute haben wir ihnen ein bisschen ins Höhlenfeuer gespuckt", grinste Bogumil.

„Ein bisschen viel", schmunzelte Nöck.

„Bis das Feuer ein bisschen aus war", kicherte Bogumil.

„Und wie das gezischt hat!", prusteten sie.

„Ihr Kindsköpfe!", schimpfte Mama Lore. „Ich suche jetzt Plitschi und sage ihr, dass sie ihren Freund einladen kann. Und wir werden alle freundlich zu ihm sein."

Plitschis Geburtstag fiel zum Glück auf eine Vollmondnacht, da konnte das Fest auf der Insel stattfinden. Die Feuergeister hatten Fidibus zunächst nicht zu den, wie sie sagten, gemeingefährlichen, glitschigen, fischköpfigen Wassergeistern gehen lassen wollen. Aber ihr Jüngster ließ sich nicht umstimmen.

„Dann kommen wir aber alle mit!", hatte Funken-Marie, die Mutter, beschlossen.

„Damit der Kleine diesen dahergeschwommenen Wasserspeiern nicht schutzlos ausgeliefert ist", hatte der alte Onkel Schürhaken gebrummt.

In einem riesigen geliehenen Ruderboot waren sie über den Möhrensee geschippert. Und nun saßen sie mit immer noch zitternden Knien links von der Geburtstagstorte und nippten an der Himbeerbowle. Auf der rechten Seite saßen die Wassergeister und schielten misstrauisch herüber.

„So geht das nicht", sagte Fidibus. „Das ist ein Geburtstagsfest und kein Trauerspiel."

„Genau!", rief Plitschi. „Jetzt spielen wir erst mal alle zusammen ‚Blinde Seekuh' und danach ‚Wer hat Angst vorm nassen Mann'."

Und siehe da, so nach und nach fingen die großen Wasser- und Feuergeister an, ihren Spaß an dem Fest zu haben. Onkel Schürhaken wollte unbedingt noch Feuertopfschlagen und Eierkohlenlauf spielen. Der alte Nöck musizierte auf der singenden Säge und Tante Ute, die sich für heute extra im Schwimmbad freigenommen hatte, sang dazu die Wassermusik.

Plitschi war glücklich. Und als Fidibus sein Geburtstagsgeschenk präsentierte, ein original Feuergeister-Feuerwerk der Spitzenklasse, fiel sie dem alten Bogumil um den nassen Hals und sagte: „Bei allen Unken, lieber Opa, das machen wir jetzt jedes Jahr."

„Mindestens!", lächelte Großmutter Melusine.

DIE BONBON-OMA

Die Frau, die die Kinder Bonbon-Oma nennen, sitzt immer am selben Fenster ihrer Erdgeschoss-Wohnung. Sie wird deshalb so genannt, weil sie meistens ein paar Karamellbonbons nach draußen wirft, wenn sich an der blauen Bank vor ihrem Fenster wieder ein paar Kinder versammelt haben.

In der Siedlung wohnt auch Nicki mit ihren Eltern, ihrem kleinen Bruder Paul und der rot-weiß getigerten Katze Shiva.

Wenn Nicki eine Freundin besuchen will oder einfach mit ihrem Fahrrad ein paar Runden dreht, macht sie immer einen Abstecher zur Bonbon-Oma.

„Die Bonbons schmecken gut, aber ich komme dich auch so besuchen", sagt sie an einem Nachmittag, als die alte Frau wieder aus ihrer eigenen Kinderzeit erzählt hat. Nicki hört diesen Geschichten sehr gerne zu, weil die Bonbon-Oma, die man als Kind Lenchen genannt hat, so viele lustige Sachen erlebt hat.

An der Stelle, wo heute die Häuser der Lerchen-Siedlung stehen, war früher der Bauernhof von Lenchens Eltern. Das Haus, in dem Nicki mit ihrer Familie wohnt, steht genau da, wo früher der Kuhstall war. Und da, wo der freche Florian wohnt, war früher der Schweinestall.

„Einmal Schweinestall, immer Schweinestall!", kichert Nicki und die Bonbon-Oma kichert mit.

„Warum sitzt du eigentlich immer am Fenster?", fragt Nicki irgendwann einmal.

Und die Bonbon-Oma erzählt ihr, dass sie schon alt sei und ihre Knochen nicht mehr so mitmachten.

„Früher", sagt sie, „war ich im Bockspringen besser als meine Brüder und als ich älter wurde, habe ich kein Tanzfest ausgelassen. In den Bergen bin ich herumgekraxelt wie eine Gämse. Und heute komme ich nicht mal mehr alleine bis zum Bäcker. Aber ein schönes Leben hatte ich. Na ja, bis auf das Schlechte", sagt sie und grinst. „Aber jetzt seid ihr an der Reihe, hier herumzuflitzen mit euren jungen Beinen. Ich sitze hier, gucke zu und freue mich, wenn jemand vorbeikommt."

An einem Dienstag radelt Nicki durch die Siedlung, um ihre Freundin Sophie abzuholen. Sie hat ein neues Seifenblasen-Spielzeug bekommen, mit dem man riesige Seifenbälle machen kann. Das will sie so schnell wie möglich ausprobieren. Und auch die Bonbon-Oma soll sehen, was sie da Tolles hat.

Aber die Oma sitzt gar nicht an ihrem Fenster.

„Schade", denkt Nicki, „da muss ich später wieder kommen."

Als sie dann zusammen mit Sophie wieder vorbeikommt, ist die alte Frau immer noch nicht zurück.

Viele Seifenblasenbälle machen die beiden, einen schöner als den anderen. Die Flasche mit dem Pustefix ist schon halb leer, da sagt Nicki: „Den Rest hebe ich auf, damit die Bonbon-Oma auch noch was zu sehen kriegt."

„Du immer mit deiner Bonbon-Oma", sagt Sophie.

„Pfff!", macht Nicki, setzt sich auf ihr Fahrrad und saust zum Fenster mit der blauen Bank. Wieder ist die Oma nicht zu sehen. Und auch als Nicki nach ihr ruft, taucht ihr Kopf nicht im Fensterrahmen auf.

„Die Bonbon-Oma ist nicht an ihrem Fenster!", ruft Nicki, als sie zu Mama in die Wohnung stürzt.

„Halt!", sagt Mama. „Zieh dir erst mal die Schuhe aus, du schleppst ja den halben Sandkasten mit in den Flur."

Nicki schüttelt sich unwillig. „Jetzt hör doch mal! Die Bonbon-Oma sitzt nicht an ihrem Fenster. Vielleicht ist ihr was passiert."

„Das glaube ich nicht", sagt Mama. „Vielleicht hat sie etwas vor oder einfach mal keine Lust, am Fenster zu sitzen."

„Irgendwas ist mit ihr los", murrt Nicki. „Das weiß ich!"

„Einen Tag wirst du schon mal ohne deine Bonbon-Oma auskommen können", sagt Mama. „Und jetzt zieh endlich deine Schuhe aus." Nicki schüttelt nur den Kopf und ist schon wieder zur Tür hinaus.

„Essen ist gleich fertig!", ruft Mama noch. Aber Nicki ist bereits um die Ecke verschwunden.

„Ich könnte ja mal an der Tür klingeln",

denkt sich Nicki. Aber als sie in das Haus hineinkommt, in dem die Bonbon-Oma wohnt, weiß sie nicht, welche der drei Wohnungstüren die richtige ist. Ratlos geht sie unter das Fenster zurück. Sie klettert auf die blaue Bank. Vielleicht kann sie durch die Scheibe etwas sehen?

Das Fenster ist nur angelehnt. Nicki drückt es auf und späht ins Wohnzimmer. Da steht ein dunkelrotes Plüschsofa an der Wand, auf dem Tisch liegt die Lesebrille mit der Zeitung, aber die Bonbon-Oma ist nirgends zu sehen.

Nicki klettert auf die Rückenlehne der Bank, zieht sich am Fensterbrett hoch, steigt durchs Fenster und lässt sich auf den Stuhl gleiten, der wie immer dort steht. Sie geht durch den dunklen Flur in die Küche. Und da liegt die Bonbon-Oma auf dem Fußboden, als ob sie schliefe.

„Hallo!", schreit Nicki erschrocken und rüttelt die Oma an der Schulter. Da wimmert sie leise vor sich hin. Was soll Nicki jetzt tun? Da fällt ihr Blick aufs Telefon. Zum

Glück hat sie mit Mama die Telefonnummer von zu Hause lange geübt. Für alle Fälle.

Mit zitternden Fingern ruft Nicki zu Hause an. Und dann geht alles sehr schnell.

Ein Krankenwagen kommt und holt die Bonbon-Oma ab. Zwei Sanitäter in roten Jacken packen sie auf eine Trage und ab geht es mit Blaulicht ins städtische Krankenhaus. Am nächsten Tag geht Nicki mit Mama und Paul ins Krankenhaus, um die alte Dame zu besuchen.

„Frau Zimmermann liegt auf Station zwei, Zimmer 17", sagt die Frau an der Pforte. „Sie ist gestürzt und hat sich ein Bein gebrochen. Zum Glück hast du sie gefunden, sonst hätte sie warten müssen, bis am nächsten Morgen der Pflegedienst gekommen wäre."

„Ich wusste gar nicht, dass du Frau Zimmermann heißt", sagt Nicki, als sie in das Krankenzimmer kommt. Die Bonbon-Oma liegt im Bett und sieht schon wieder viel frischer aus als gestern.

„Das macht ja nichts", lächelt sie. „Echte Freunde dürfen sich doch beim Spitznamen nennen, oder nicht?"

Mit ihrer alten Hand nimmt sie Nickis kleine Hand. „Vielen Dank!", sagt sie. „Ohne dich hätte ich eine Nacht auf dem Küchenfußboden verbringen müssen."

„Und das wäre überhaupt nicht gemütlich gewesen", sagt Nicki.

„Nein, wirklich nicht!", sagt die Bobon-Oma und grinst und Nicki grinst zurück.

Die Deutsche Bibliothek – CIP-Einheitsaufnahme
Ein Titeldatensatz für diese Publikation ist bei
Der Deutschen Bibliothek erhältlich

4   3   2   1   05   04   03   02

© 2002 Ravensburger Buchverlag Otto Maier GmbH
D-88188 Ravensburg
Redaktion: Sabine Praml
Printed in Germany
ISBN 3-473-33045-0